LA
PREMIÈRE JOURNÉE DE NOCE
A PATOUILLARD

VAUDEVILLE EN UN ACTE

DU RÉPERTOIRE

du C. R. Emile PICARD

*Déclaré à la Société des Auteurs et Compositeurs de Musique,
10, rue Chaptal, Paris.*

Prix : 1 fr. 50

LA FLÈCHE
IMPRIMERIE CHARIER-BEULAY

1901

RÉPERTOIRE

des Œuvres du C. R. Emile PICARD

PIÉCES THÉATRALES

1. — **La première journée de Noce à Patouillard,** Vaudeville et Opérette en un Acte.

2. — **Fanny la Soubrette,** Vaudeville et Opérette en un Acte.

3. — **La Criée de Poissons,** Vaudeville en un Acte.

4. — **Le Magicien,** Opérette en un Acte.

5. — **Le Dynamitiseur,** Saynéte.

6. — **Fanny la Soubrette,** Comédie en 3 Actes en vers et en prose.

7. — **Le Magicien,** Comédie et Opéra en vers en 4 Actes.

DRAMES

8. — **Le fils du pécheur ou le sergent Marius.** en 4 actes et 7 Tableaux, (avec épisodes guerrières au Tonkin).

9. — **Rouget, le braconnier de l'Anjou,** en 5 actes et 12 Tableaux.

10. — **La réhabilitation d'un condamné aux travaux forcés à perpétuité,** en 6 Tableaux.

11. — **Les procès du Comte Du Tremplin,** en 2 Actes et 4 Tableaux.

12. — **Le 4ᵉ du capitaine Le Brave,** Pièce militaire en 3 Actes et 4 Tableaux. (Episodes de la guerre de 1870-71).

13. — **A divorcer,** en 3 Actes.

ROMANCES & CHANSONNETTES

L'hirondelle
Le rêve des quatre roses
Le chant du Territorial
Le Réserviste
Les devoirs du soldat
La Revanche
La rose et l'enfant
Sur les bords de la mer
C'est pour la France
Chante ma Mandoline
L'Infidèle
C'est pour les pauvres
Fachoda
La Marseillaise de la Paix
Le Rêve de la France
Le Piano en deuil
J'suis fier d'être conscrit
A Bicyclette

J'aime la brune et la blonde
Gare au Tramm
Mon caprice
Sur l'turf
Non, j'suis pas d'la Saint-Jean
J'suis cui cui cuisinier
La clé d'santé (Duo)
Faun et Panama (Duo)
Voilà pourquoi je suis modiste
La Mouche et Poireau
{ Je r'prends mon artilleur
{ Je r'prends ma payse
Les Canotiers joyeux
Le dernier rendez-vous des
                [viveurs.
Y m'call'ront la pile
    (Bœrs-Anglais).
    — etc. etc. —

MUSIQUE

La Polka Picarde, piano et fanfare.
La Valse Noce, piano et fanfare.
Les rives de la Sarthe, (quadrille).
Vive l'Armée, pour fanfare, (pas redoublé).
Evocation, (grande fantaisie) pour fanfare.
Le piano en deuil, pour fanfare et harmonie.

DEUX RECUEILS DE POÉSIES :

Le premier : **Poésies 1895.**
Le deuxième : **Aux cours de mes pensées.**

UNE BROCHURE :

La guerre, le protectorat, l'annexion, etc.

PERSONNAGES DU VAUDEVILLE

PATOUILLARD, le marié, 22 ans, garçon de banque. —
  Type un peu godiche.

HUMONT, beau-père, 48 ans, cafetier.

LA CRÈME, invité de la noce, 48 ans, rentier, (type myope).

BOULÉRON, Brigadier d'Artillerie, 25 ans.

Un Commissionnaire (figurant).

LA PREMIÈRE JOURNÉE DE NOCE

A PATOUILLARD

VAUDEVILLE en un Acte

du répertoire d'Emile PICCARD

Le théâtre représente un café de 3e ordre, décors sur les murs, comptoir, plusieurs tables aux coulisses de droite, coulisse de gauche et au fond de scène une fenêtre.

SCÈNE PREMIÈRE

HUMONT, tête nue et en toilette, au lever du rideau, il range tables et tabourets.

Depuis deux ans que ce mariage était projeté, il était temps d'en finir. Mon gendre Patouillard, n'est certes pas parfait, mais il a du quibus :

(Il fait glisser son pouce sur son index).

De plusse, cent sous par jour et ma fille un franc cinquante à broder des initiales,

(Il se frotte les mains)

ça ira, ça ira, et ils feront honneur à leurs petites affaires.

(Il écoute. A ce moment dans les coulisses l'on entend le brouhaha de la noce et l'on rit.)

HUMONT va à la fenétre.

Comme ces gens-là, s'gondolent la tôle, à force de rire ; et mon godiche de gendre n'est pas là, mais où peut-il être ? heureusement pour lui le repas n'étant pas prêt il faut que je les éloigne.

(Il ouvre la fenêtre et fait des signes).

Ils ont compris, les voilà partis. Ah ! c'est ma fille qui s'en donne.

(Il fait deux ou trois pas de danse et se met à ranger les tables coulisse de gauche).

SCÈNE II

Plus Patouillard.

PATOUILLARD entre coulisse de droite, sans remarquer son beau-père, il se met à une table et se verse à boire.

Ouf ! qu'il fait chaud.

(Il boit).

HUMONT se détourne,

(à part)

Tiens, c'est mon gendre.

PATOUILLARD se verse à boire une seconde fois.

Ouf! qu'il fait bon boire,

(Il boit en faisant claquer sa langue).

Fameux vin au beau-père.

(Il s'apprête à verser à nouveau).

HUMONT va à lui et lui frappe sur l'épaule

Peste, verre aussitôt plein, verre aussitôt vide.

PATOUILLARD tourne à demi la tête.

Hein, qu'est c'qui vous prend.

(Il reconnaît son beau-père).

Ah ! c'est vous beau-père.

(Il rit).

Hé, hé, hé, par exemple depuis la nouvelle loi sur les alcools, l'on tape sur le vin et sur le thé

(fort)

chinois.

HUMONT (se reculant d'un pas)

Oui, oui, ça s'voit.

(A part)

Soulard.

(Il va au comptoir).

PATOUILLARD

(A part)

Une scie que ce beau-père, et qui m'entame déjà l'dos, quelle complication si c'était agrémenté d'une belle-mère.

(A Humont)

Mais où est donc passée votre fille, depuis la sortie de l'Eglise, je n'ai pu mettre le grapin d'sus.

HUMONT (revenant près de Patouillard)

(A part)

Il prend ma fille pour une chaloupe avec son grapin.

(A Patouillard)

J'sais pas mon gendre, mais en attendant vous jetez l'ancre sur le vin, et sans vous gêner vous avez assisté aux cérémonies avec une barbe de huit jours.

PATOUILLARD (se passant la main sur le menton)

Pour ça. c'est un oubli et un tort ; passez-moi vos instruments à raboter la figure.

HUMONT

Attendez, je vais les chercher.

(Il sort)

PATOUILLARD (se verse à boire)

A la santé de ma légitime.

(Il boit)

HUMONT (entre, il apporte un énorme rasoir, pinceau, savon, cuvette et serviette et regarde boire Patouillard)

(A part)

Quelle pompe, quelle dalle, il ne va rien rester pour les gens de la noce, s'il continue de ce train.

(A Patouillard)

Allons, dépêchons-nous, avant que la noce arrive.

PATOUILLARD (s'essuyant la bouche avec sa manche)

Allez-y beau-père.

HUMONT (se met à repaser le rasoir et faire le savon)

PATOUILLARD (en souriant)

Elle est verte celle-là — le jour de sa noce — être rasé par son beau-père.

(A part)

Il est vrai que c'est un rasoir lui-même.

HUMONT (lui place la serviette sous le menton et noue fortement)

PATOUILLARD (tire la langue)

Vous m'étranglez beau-père — c'est une tentative d'assassinat — j'me plaindrai.

HUMONT (desserre, et se met à savonner le visage de Patouillard, il lui met le pinceau dans la bouche)

PATOUILLARD (tousse et crache)

Hoh ! hé ! pas si fort, je n'ai pas faim.

HUMONT (sourit)

L'appétit vient en mangeant.

(Il lui savonne les oreilles).

PATOUILLARD (frissonne)

Vous m'chatouillez maint'nant les oreilles, mais j'vais devenir sourd et vous me forceriez d'me rendre à l'Institut Drouet pour me traiter.

HUMONT

Fermez alors vos contrevents.

(Il pose son pinceau, prend le rasoir et le place devant le nez de Patouillard).

PATOUILLARD (fait des gestes et des mouvements de terreur).

Mâtin, d'mâtin, l'on dirait le coupe-cou des

(Il éternue)

tscien, tscien, coquins, chinois.

HUMONT (tout en rasant)

Cet élégant et pharamineux rasoir. vient de mes aïeux qui, seront dorénavant les vôtres.

PATOUILLARD (interrogeant)

Et qui descendent par les croisées ?

HUMONT (continue)

César s'en est servi dit-on.

PATOUILLARD

Alors ça descend des cheminées, étant plus dans les brouillards du temps.

HUMONT (continue)

Et Patouillard, mon gendre, aura le grand honneur d'avoir été rasé par lui.

PATOUILLARD

Par César.

(Il rit)

Hé hé hé hé !

HUMONT

Mais, mon gendre, par cet instrument.

(Il prend la cuvette et lui lave vivement le visage).

PATOUILLARD (fait des grimaces comiques)

Oh ! la là, pas si fort, vous allez comme un automobile.

HUMONT

C'est fini, mon gendre, essuyez-vous.

PATOUILLARD (s'essuyant le visage avec sa serviette)

Ce n'est pas trop tôt ; et maintenant j'courre après la mariée.

(Il se lève et s'apprête à sortir, mais il revient sur ses pas et montre La Crème qui entre.

Quel est ce singe, qui nous arrive là ? sort-il du jardin d'acclimatation

(Il rit).

Hé hé hé !

HUMONT

(A part)

Ce n'est pas si mal trouvé, pour un innocent.

(A Patouillard)

Ce singe-là, c'est le principal invité de votre garçon d'honneur ; entre nous il eût mieux fait de l'éviter.

SCÈNE III

Plus LA CRÈME

LA CRÈME (entre, en se butant dans les tables et les chaises, il s'avance vers Humont, qu'il prend pour la mariée, et le salue profondément.)

Madame la mariée, j'apprends que vous êtes ici, et je viens vous féliciter de votre union avec Monsieur Pa - pa - patouillard.

HUMONT (repousse La Crème)

Laissez donc ma fille tranquille, et donnez-vous la peine de mieux regarder, je suis son père.

LA CRÈME (en reculant)

Faites excuses.

(Il va piller sur le pied à Patouillard).

PATOUILLARD (lève son pied et crie)

Aïe, aïe, aïe ; faites donc attention, affreux myope, avec vos vitrages.

LA CRÈME (se confond en excuses)

Pardonnez-moi, c'est une maladresse, dont je ne suis pas coupable, mon garçon.

PATOUILLARD (vexé)

(A son beau-père)

Je crois qu'il m'a appelé son garçon.

HUMONT

Moi j'en suis sûr — mais dites-lui que vous n'êtes pas à son service — animal.

PATOUILLARD

(A La Crème)   (fort)

Je n'suis pas votre garçon — animal.

LA CRÈME (regarde Patouillard de haut en bas avec son lorgnon).

Affreux myope, animal, c'est beaucoup jeune homme.

HUMONT (à l'oreille de Patouillard)

Oui, oui, c'est lui qui a tort.

PATOUILLARD

(A La Crème)

Oui, vous êtes un butord.

LA CRÈME (répète)

Un butord...

HUMONT

(A part)

Ce pauvre gendre n'a pas la notion ni la valeur des mots.

(A Patouillard)

Enfin pour en finir dites-lui sur le ton de hareng sort — La Crème sort.

PATOUILLARD (très fort)

Hareng sors — dans La Crème.

HUMONT (sourit)

LA CRÈME

Non m'sieur, je ne sortirai pas avant d'avoir raison de vos insultes. Apprenez que j'ai servi... dans la section — des infirmiers, M'sieur Patouillard.

HUMONT (allant à une table et se versant à boire)

Hum, ça va chauffer.

(Il examine La Crème à la dérobée).

Mais où ai-je vu cette frimousse-là.

LA CRÈME (continue)

Donc, cela demande réparation, et je vais vous envoyer mes témoins.

PATOUILLARD (effrayé)

Me battre, sans avoir vu ma femme. Ah ! mais non, jamais, non, non, jamais en France, ça ne s'est vu. — Attendez je vais la chercher.

(Il veut fuir).

HUMONT (prend un balai dans la coulisse et revient près de Patouillard qu'il arrête).

Par exemple, pour lui donner une crise de nerfs.

(Il se met à balayer dans les jambes de La Crème).

LA CRÈME (changeant de place en sautant et se dirigeant près des coulisses).

Et je vous montrerai un coup, qui vous couchera à terre.

(Il se fend et manque de tomber).

HUMONT

Oui, oui, le coup du balai.

(Il lui envoie un coup de balai dans le postérieur).

LA CRÈME (se butte dans la coulisse et disparaît en disant)

Un maître coup.

HUMONT

(A Patouillard)

Je sors pour arranger l'affaire, c'est grave, c'est très grave...

PATOUILLARD (tremble de tous ses membres)

C'est, c'est, c'est très grave.

HUMONT (lui met le balai entre les mains)

Voilà, assurez l'service et servez bien les pratiques en m'attendant.

(Il répète en sortant)

Mais où ai-je vu cette frimousse là.

(Il disparaît).

SCÈNE IV

PATOUILLARD-BOULÉRON.

PATOUILLARD (regarde le balai, et le public, porte les armes et croise la baïonnette, puis va prendre un tablier à gauche).

BOULÉRON (entre à droite sans apercevoir Patouillard, il s'avance sur le devant de la scène).

Mille biscaïens, je suis en retard et le père Humont est sorti. En attendant, que je fasse connaissance avec son gendre Gratouillard ..

PATOUILLARD (se met à balayer derrière Bauléron)

J'crois qu'il m'appelle Gratouillard.

BOULÉRON (allant à une table)

Consolons-nous en nous rafraîchissant la pièce.

(Il appelle)

Perrine, un canon.

PATOUILLARD

(A part)

Dès la première journée d'ma noce faire le service de bonne de café, c'est pas drôle.

(Il crie)

Voilà M'sieur.

(Il balie dans les jambes à Bauléron).

BOULÉRON (lève les jambes l'une après l'autre et toise Patouillard).

Tiens, c'est toi qu'est Perrine Gobmouche. Tu m'as l'air assez fem'lette pour ça.

PATOUILLARD (jette son balai dans la coulisse)

Mais non, je n'suis pas Perrine Gobmouche.

BOULÉRON (prêt à se fâcher)

Alors qui es-tu donc ? Un fumiste.

(Il s'avance menaçant)

Faut pas d'ça au régiment.

PATOUILLARD (recule effrayé)

J'suis un ami, des amis. qui sert les amis par complaisance.

BOULÉRON (surpris)

Toi tu as des amis, tu es donc le seul sur terre. Moi, l'Brigadier Bouléron, je n'en ai pas. que ma Patrie et mon Drapeau. Enfin suficit, sers moi mon canon ou je t'étripe.

(Il fait mine de broyer avec ses mains et il va s'asseoir).

PATOUILLARD (court au comptoir, prend
et serre le verre de vin.

(A part)

Pas si commode que ça, ces invités, ce doit être
mon beau-père. qui l'a convoqué, comme l'on dit dans les
grandes administrations.

BOULÉRON (s'impatientant)

Ah ça faraud, est-ce pour aujourd'hui ?

PATOUILLARD (se précipite à servir le verre de vin)

Voilà, voilà, mâtin d'mâtin, je vous sers.

(Il rit)

Hé hé hé hé !

(A part)

Il m'a appelé faraud.

(Il se regarde)

Il est vrai que je n'suis pas si mal tourné.

BOULÉRON (prend son verre et boit)

PATOUILLARD (se disposant à sortir)

Maint'nant M'sieur Bouléron, je vais r'trouver la
mariée.

(Il jette son tablier dans les coulisses).

BOULÉRON (se retournant sur sa chaise)

Mais alors, seriez-vous M'sieur Gratouillard.

PATOUILLARD

(A part)

Le v'la encore avec son Gratouillard.

(A Bouléron)

Oui j'suis l'marié Patouil — lard pour vous servir
brigadier artilleur.

BOULÉRON

(A part)

A-t-il l'air tourte pour un marié.

(A Patouillard)

Que ne le disiez-vous plutôt, M'sieur Patouillard, enchanté de faire votre connaissance.

(Il lui prend la main et la lui serre fortement).

PATOUILLARD (crie en faisant une grimace)

Mâtin d'mâttn, vous m'brisez les phalanges.

(Il secoue sa main)

Aïe, aïe, aïe, après l'pied, c'est l'doigte.

BOULÉRON

C'est d'amitié. Allons une tournée pour fraterniser, deux tord-boyaux.

PATOUILLARD (remplit deux verres d'eau-de-vie et levant le sien)

Aux artilleurs de l'artillerie.

(Il présente son verre pour le choquer avec celui de Bouléron)

BOULÉRON

(A part)

Il est complet.

(Trinquant)

Aux Patouillard présents et futurs et aux petits Patouillet.

(Ils boivent)

BOULÉRON (posant son verre)

Et dire que je devrais être à votre lieu et place.

PATOUILLARD (surpris)

Hein, dans mes lieux et places.

(A part)

Si ça continue, je vais lui céder l'emploi.

BOULÉRON

J'étais le quatrième prétendant.

PATOUILLARD (sursautant)

Hein le quatrième prétendant à prétendre aux mains d'ma femme.

BOULÉRON (philosophiquement)

Mais l'on a abandonné le pauvre artilleur, pour un chang'ment d'garnison. Ah ! croyez-moi, dans les amours, l'absent a toujours tort.

PATOUILLARD

Voici pourquoi, il faut que j'file.

(L'on entend dans les coulisses les cris et les rires des gens de la noce, et musique s'il y a).

PATOUILLARD et **BOULÉRON** exécutent un avant-deux en se faisant vis-à-vis, sur l'air du chant de la noce.

BOULÉRON (s'arrêtant)

J'vais vous amener la mariée. Au revoir, Gratouillard.

PATOUILLARD

Il en tient pour le Gratouillard, mais soyons prudent, car mâtin d'mâtin, il a d'la pogne comme un gendarme.

(Les bruits de la noce s'éloignent).

PATOUILLARD (va à la fenêtre et crie)

Hourrah, hourrah ! j'vous rejoins.

(Il se verse à boire et boit)

(Les bruits ont cessé).

PATOUILLARD (sort en gambadant et criant)

Hourrah, les opinions sont libres, j'courre après ma femme.

(Il disparaît coulisse de droite).

SCÈNE V

LA CRÈME - HUMONT.

(Tous deux entrent, coulisse de gauche, ils se tiennent par le bras).

HUMONT

Enfin l'affaire est arrangée, n'en parlons plus, et comme tu me le disais ma vieille branche, nous avons fait notre lointaine connaissance dans la carrière mélétaire et surtout dans les infirmiers, voilà pourquoi nous savons viser.

(Ensemble, ils font mine de seringuer).

Psitt, psitt, c'est dans l'tonneau.

(Ils rient)

Ah ah ah !

HUMONT (regardant La Crème)

Mais, sais-tu que tu as un tantinet changé, mon pauvre Philibert.

LA CRÈME (souriant)

Je suis cependant pas dans la peau d'un autre Mais mon métier de cordier tout en m'ayant donné de la braise, m'a sanglé, ratiboisé, je suis devenu un peu myope...

HUMONT

(A part)

Un peu, il est modeste l'cordier.

LA CRÈME (continue)

Tant qu'à toi, j'avais oublié ton nom, j'ai tellement voyagé.

(Il examine Humont de haut en bas et de bas en haut et pile sur le bout du pied de celui-ci).

HUMONT (retirant son pied)

Attention, tu vas te faire une seconde affaire.

LA CRÈME

Ah ! mais non, je n'y tiens pas, à moins que ça ne me ferait retrouver un ami tel que toi.

HUMONT (lui serrant la main)

Cher La Crème, t'as toujours eu d'l'inducation.

(En cet instant, entre un commissionnaire, qui remet à Humont, une lettre).

LE COMMISSIONNAIRE

Pour M'sieur Hu-u-mont.

(Il se retire).

HUMONT (prend la lettre, la tourne, l'examine, brise le cachet et lit à haute voix).

« A Mad'moiselle Humont,

(Se fâchant)

Quel est le misérable qui ose écrire à ma fille, le jour de sa noce.

LA CRÈME (renforçant)

Oui, quel est le misérable?

(Plus doucement)

Mais continue...

HUMONT (continue)

« Mon épouse adorée,

(Plus calme)

Tiens c'est mon gendre. Lisons.

« Fermant à l'obscurité de ma flamme,
« Les replis de mon cœur froissé.

LA CRÈME

Pauvre chéri -- quel style !

HUMONT

« Je voudrais, te cacher les larmes, sans flamme.

LA CRÈME

Où qu'est ma bougie ?

HUMONT

« Dans la clarté d'un poste de police,
« Où je suis, et où tu dois venir me réclamer.

LA CRÈME

Comment, il est au poste, maintenant, quelle guigne.

HUMONT (met la lettre dans sa poche)

Mon pauvre gendre, que de péripéties, il a failli avoir un duel avec toi — Bouléron qui a voulu l'étriper ce matin — et à l'heure présente au poste et coffré. Courons le délivrer.

(Ils se disposent à sortir).

PATOUILLARD entre en trébuchant, il a ses habits en désordre, la mine abattue, le chapeau de travers et les bras pendants.

<hr>

SCÈNE VI

Plus **PATOUILLARD**.

HUMONT (l'examine)

LA CRÈME (le toise avec son lorgnon de haut en bas).

HUMONT

Mon pauvre Patouillard, dans cet état ! Tu as besoin d'être emmitouflé d'astrakan, car pâle, tu grelottes comme un convalescent.

PATOUILLARD (en gémissant)

Et oui, en sortant d'ici, pour cris et rébellion aux austorités, j'ai été conduit par un brigadier et son pandore, au poste de police, et dans cette boîte je me suis floppé avec un débiteur à ma femme que j'ai reconnu et qui voulait me mettre à nu.

HUMONT

Après vous avoir réglé.

PATOUILLARD (se plaignant en se battant les côtes).

Ah ! beau-père que votre fille me coûte cher.

HUMONT (lui prenant la main)

Mais non, j'te la donne.

LA CRÈME

(A part)

Aux prix de fabrique.

PATOUILLARD (sanglote)

Hi, hi, hi, hé, hé, hé !

HUMONT

Allons, sois un homme, Patouillard, car pour un garçon d'banque il ne faut pas faire sauter l'comptoir.

PATOUILLARD (se débattant)

J'veux ma femme, votre progéniture quoi — c'ty pas mon droit ?

HUMONT (écoute)

Je gage que la voici. Ouvre lui tes bras.

SCÈNE VII

Plus BOULÉRON.

BOULÉRON (entre précipitamment et tombe dans les bras de Patouillard)

PATOUILLARD (le prend pour la mariée)

Mon épouse adorée, mon trésor et mon bien. Embrassons-nous !

LA CRÈME (s'est approché et s'incline profondément)

Tous mes compliments Madame la mariée pour votre union avec
(Il est interrompu)

BOULÉRON

Voyons, revenez-vous de Charenton,
Pour me prendre pour Mad'moiselle Humont.

(PATOUILLARD et LA CRÈME se reculent et sont surpris).

HUMONT (hausse les épaules)

BOULÉRON

En se tutoyant, Gratouillard
(Il se reprend)

Patouillard, je venais t'annoncer que ta femme t'attend avec impatience, car elle est tombée en pamoison, en apprenant que tu étais au bloc. Viens donc vite.
(Il veut l'entraîner).

PATOUILLARD (résiste et pousse un soupir de soulagement)

Enfin, j'vais voir ma femme, ma légitime, car à force de courir, j'deviens sage ; et j'vais me trouver heureux dans ce triste univers où tout va d'travers, — mais avant d'aller embrasser la mariée, chantons tous gaiement le chant de la noce.

(Tous les quatre, sur un rang, avec gestes comiques, chantent)

CHANT DE LA NOCE

En avant pour la noce,
Flanquons nous une bosse,
Réunis nous sommes tous
Pour bien boire et fair' les fous *(bis)*
Et fair' les fous.

RIDEAU

MUSIQUE

All. Mod⁰   *Chant de la noce*

www.ingramcontent.com/pod-product-compliance
Lightning Source LLC
LaVergne TN
LVHW051132060726
842526LV00006B/2017